Para Aoua, Erika y Jean-Luc.
D. G.

Donald Grant

Bebés animales en peligro

editorial juventud

Barcelona

LÉMUR CATTA

El bosque en llamas

Está amaneciendo en la inmensa isla de Madagascar. Mi familia se despierta.
Nos llamamos Lémur Catta.

¡Somos lémures de cola anillada, primos de los monos!

Me gusta que mi mamá me lleve sobre
su espalda y recoja sabrosas frutas para mí.

Después de comer, es hora de tomar el sol.
Aprovechamos también para asearnos.

Una vez terminado el aseo, descansamos. Mamá me pide que no me aleje mucho,
pero soy curioso...

El paisaje es magnífico. Sin darme cuenta me alejo demasiado.

¿Qué es esa sombra negra que sube en el cielo? «¡Socorro! ¡Fuego!»

Al huir, tropiezo, y me encuentro cara a cara con unos animales extraños.

–¡De prisa! –grita el pájaro–. ¡Mis amigos no corren lo bastante rápido! Por favor, ¿puedes llevarlos?
–¡Qué suerte, ya estamos en la otra orilla! Nos has salvado. Muchas gracias.

–Me llamo Tortuga, ellos son Camaleón y Cuco. ¿Por qué estás tan triste?
–Me he perdido y me gustaría encontrar a mi mamá.

Mis nuevos amigos me explican que los hombres queman el bosque para ampliar sus granjas.

Hay que cruzar un barranco. Tengo mucho miedo, pero por suerte Camaleón me lleva de la mano.

Tortuga piensa que mi mamá debe estar preocupada por mi desaparición.
Tal vez me esté esperando en la reserva de los animales. El camino es largo y difícil.

Por fin hemos llegado. «¡Mamá, mamá, qué contento estoy de volver a verte!»

Mis amigos también están contentos y saltan de alegría. ¡Viva el reencuentro!

El lémur catta es diurno y vive en un grupo de unos quince congéneres. Se desplaza como un verdadero acróbata, saltando de rama en rama.

Madagascar es una de las islas más grandes del mundo, frente a la costa sudeste de África, en el océano Índico.

Debajo de las manos y de los pies, el lémur catta tiene unas almohadillas que impiden que se hiera, incluso caminando sobre las espinas de los cactus.

El lémur catta nunca pierde de vista a sus congéneres, ni siquiera en plena noche, gracias a su cola anillada.

El *Alluaudia procera* es un sorprendente cactus lleno de espinas que puede llegar a medir hasta 15 metros.

El camaleón verrugoso posee una lengua especial, más larga que su cuerpo. Puede proyectarla en un abrir y cerrar de ojos para atrapar insectos gracias a su extremo pegajoso.

En Madagascar, los campesinos son muy pobres. Para obtener tierras cultivables, queman regularmente los bosques.

En los bosques espinosos del sur de la isla, se cortan las plantas como el *Alluaudia* para hacer carbón.

El cúa crestado emite unos gritos sonoros: «koi, koi, koi». Cuando se siente amenazado yergue la cresta en posición casi vertical sobre la frente. Se alimenta de insectos y fruta.

La tortuga estrellada se caza por su espléndido caparazón y su deliciosa carne. ¡Llega a medir 38 cm y a pesar 13 kg!

Cuando el bosque desaparece, ya nada impide que el agua de la lluvia penetre en el suelo. Impregnado de agua, éste se hunde, creando enormes barrancos: los *lavakas*.

La isla de Madagascar alberga especies vegetales y animales que no existen en ninguna otra parte. Cada año su bosque se consume un poco más, pero afortunadamente algunas zonas han sido declaradas reservas naturales.

BALLENATO

Una aventura en el océano

Soy Ballenato, una pequeña ballena jorobada. Acabo de nacer en pleno mar tropical.
Mamá me empuja fuera del agua para hacerme respirar.

Bebó la nutritiva leche de mamá para crecer y ser fuerte como ella.

Al llegar el verano, nos vamos hacia el océano Antártico en busca de comida.

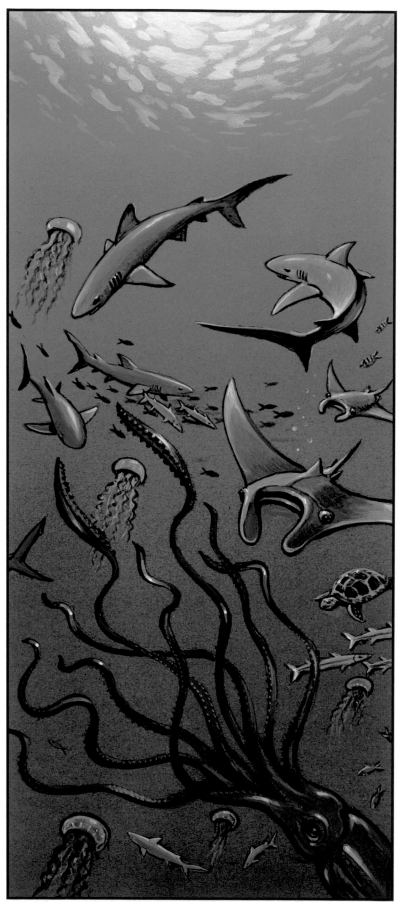

Mamá me explica los peligros del mar. ¡Los tiburones son especialmente temibles!

Llegamos por fin a las frías aguas del círculo polar. Mamá está hambrienta.

¡Engulle hasta dos toneladas de peces pequeños y gambitas!

Mamá y yo somos muy juguetonas.
Nos gusta dar saltos fuera del agua...

... y provocar grandes salpicaduras.

Mamá me explica que antes se cazaban las ballenas.
En unas fábricas, los hombres derretían su grasa para obtener el aceite.

Se acerca el invierno. Es el momento de volver, pero el tiempo se complica.

Se levanta un temporal. De repente aparece un petrolero y nos separa.

El barco acaba rompiéndose por la mitad y derrama en el mar miles de litros de petróleo.

¡Qué tristeza! El petróleo ha pringado
a muchos pájaros; los peces han muerto.

Me sumerjo para escapar de la marea negra,
pero cuando llevo un rato en el fondo...

... me ahogo. ¡De prisa, una bocanada de aire!

¡Socorro! ¡Estoy rodeada de tiburones!

«No, no tengas miedo, somos unos simpáticos delfines. ¿Podemos ayudarte?»

Les cuento mis desgracias y les explico que ahora estoy sola y perdida.

Los delfines me protegen y me escoltan hacia un lugar más tranquilo.

Todo va bien. Estoy salvada. He encontrado a mi mamá.

«¡Gracias por vuestra ayuda, amigos del mar!»

La ballena jorobada se encuentra en todos los océanos del mundo. En otoño, suele dar a luz a sus crías en los trópicos. En verano, emprende un largo viaje hacia las frías aguas del círculo polar donde abunda la comida.

A pesar de su enorme peso, la ballena jorobada da inmensos saltos fuera del agua. Salta para señalar un peligro, para seducir, para mostrar su fuerza o simplemente para jugar.

La cola de la ballena jorobada mide 4 m de ancho. Tiene manchas blancas que permiten identificar cada animal.

Filtra la comida gracias a sus barbas: el krill (plancton compuesto por pequeños crustáceos) y pescado. Es capaz de ingerir 2 toneladas al día.

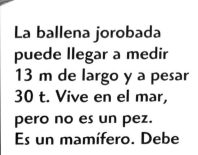

La ballena jorobada puede llegar a medir 13 m de largo y a pesar 30 t. Vive en el mar, pero no es un pez. Es un mamífero. Debe subir a la superficie del agua a intervalos regulares para respirar por sus espiráculos (orificios nasales).

El porvenir de los océanos dependerá de los esfuerzos que dediquemos contra su contaminación utilizando energías alternativas al petróleo.

Los únicos depredadores naturales de las ballenas son las orcas y los tiburones, pero, desde hace siglos, su peor enemigo es el hombre. Se cazaban las ballenas por su carne, y también por su grasa, su aceite y sus barbas, que servían para fabricar jabón, velas, etc.

Pese a la prohibición, las ballenas aún son masacradas por barcos piratas. Algunos países siguen cazándolas. Un barco ballenero moderno es capaz de matar y procesar hasta doce ballenas cada día.

Todos los años, mueren miles de animales en las aguas contaminadas por el petróleo a consecuencia de la desgasificación salvaje o del naufragio de petroleros. El petróleo perjudica gravemente a los peces, los pájaros, las algas y el coral.

Miles de toneladas de desperdicios y de basura de toda clase se tiran cada año al mar, intoxicando animales y plantas.

AGUILUCHO

La naturaleza amenazada

**En la orilla de un río
del noroeste americano,**

**en la cima de un árbol, dos águilas
están al acecho.**

Un huevo está a punto de hacer eclosión...

Acabo de nacer: me llamo Aguilucho.

Crezco rápidamente. ¡Me encanta que mi mamá me traiga pescado!
Sentado en el borde del nido, me entreno para mi primer vuelo. Estoy un poco asustado.

Menos mal que papá está a mi lado para vigilarme y guiarme.

Voy progresando. Un día, me encuentro con otra águila, se llama Aguilucha.

Me propone volar río abajo. Es un poco imprudente, pero me atrevo....

Después de un buen rato, sobrevolamos un paisaje desolador. ¿Qué pasa aquí?

«¡Cuidado, Aguilucha!»

¡Uf! Hemos escapado de este monstruo.

¿Qué es este artefacto volador?

Debemos volver al río.
Hay demasiados peligros por aquí.

¡Pum, pum! ¡Estoy herido!

«¡Aguilucha, tienes que ir a buscar ayuda!»
Aguilucha busca por los alrededores y por suerte se topa con el coche del guarda forestal.

Al cabo de unos días, después de haber recibido todos los cuidados y mimos en la reserva, cuento mis desventuras a mis nuevos amigos.

¡Qué felicidad poder volver a volar! Estoy curado.

Ya somos adultos: tenemos la cabeza blanca.

Aguilucha y yo estaremos juntos toda la vida.

¡Y nosotros también cuidaremos a nuestro pequeño aguilucho!

Las águilas de cabeza blanca viven en Norteamérica. Se emparejan para toda la vida. La parada nupcial es espectacular. El macho y la hembra realizan acrobacias volando con la cabeza hacia abajo y agarrándose por las patas. Cada uno quiere demostrar al otro lo bien que vuela.

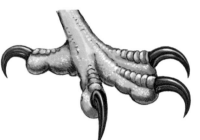

Gracias a sus potentes garras bien aceradas, el águila no deja escapar su presa.

Los indios de América consideran el águila como un animal sagrado, símbolo solar de fuerza y valor, representada aquí en un tótem. El águila de cabeza blanca se ha convertido en el emblema de los Estados Unidos.

El águila de cabeza blanca (o pigargo) tiene un pico ganchoso y corvo que le permite despedazar sus presas.

El huevo, protegido e incubado por los padres, eclosiona al cabo de 35 días.

Las grandes plumas en la extremidad de sus alas ayudan al pigargo a volar a gran altura.

Los pesticidas utilizados para destruir los insectos envenenan los demás animales. Los huevos de las águilas intoxicadas son tan frágiles que se rompen antes de abrirse.

Los bosques se destruyen, aparecen ciudades: las águilas ya no encuentran los extensos territorios de caza que necesitan.

Los humos y vertidos tóxicos emitidos por algunas fábricas contaminan el aire y los ríos.

Las águilas atacan muy raramente los animales domésticos. Los granjeros y los cazadores deben protegerlas: su presencia demuestra que se preserva el equilibrio ecológico.

La agricultura y la industria forestal podrían desarrollarse, reservando territorios para las águilas.

Título original: Bébés animaux en danger
© Gallimard Jeunesse, 2004
© EDITORIAL JUVENTUD, S. A., 2010
Provença, 101 - 08029 Barcelona
info@editorialjuventud.es
www.editorialjuventud.es
Traducción de Élodie Bourgeois
Primera edición, 2010
Depósito legal: B. 6.415-2010
ISBN 978-84-261-3779-1
Núm. de edición de E. J.: 12.239
Printed in Spain
Limpergraf, C/. Mogoda, 29-31, Barberà del Vallès